Este libro pertenece a:

Copyright © 2023 **Tecnova Ramirez**

All rights reserved. No part of this book can be reproduced or used in any manner without taking written permission from the copyright owner.

él

Él ve la televisión.

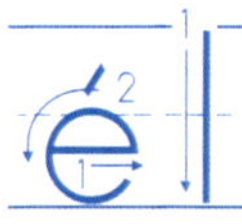 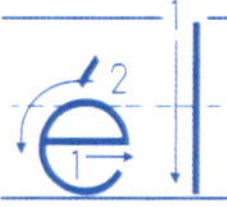  

Él ve la televisión.

 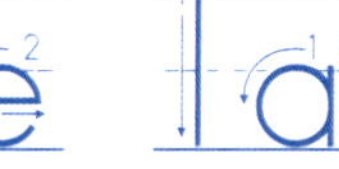 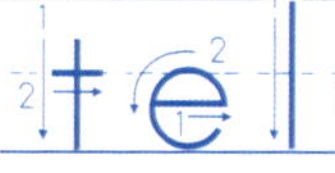 

de

No hay de qué.

de   de   de   de

de   de   de   de

No hay de qué.

No hay de qué.

que

Que te cuides.

 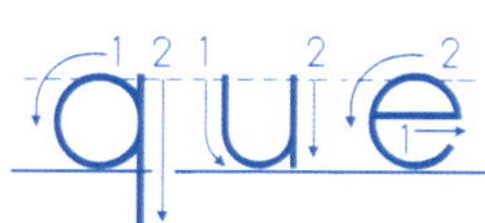 

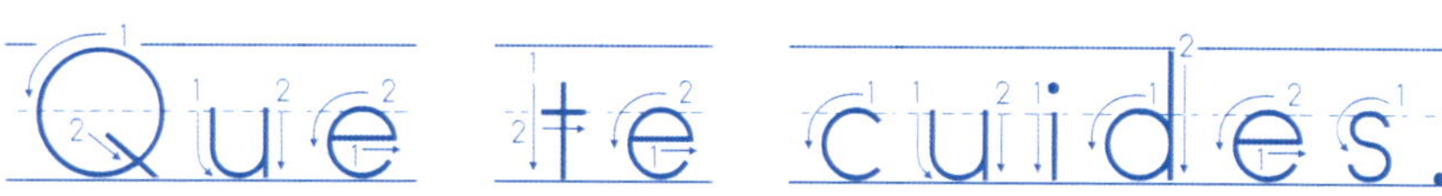

y

Soy alto y delgado.

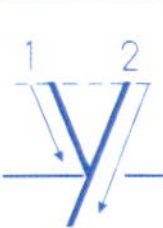 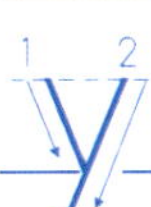 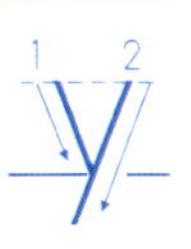 

Traza la frase:

Soy alto y delgado.

en

Dormiré en París.

 en    en    en

en   en   en   en

Traza la frase:

Dormiré en París.

Dormiré en París.

un

Ella tiene un perro.

un   un   un   un

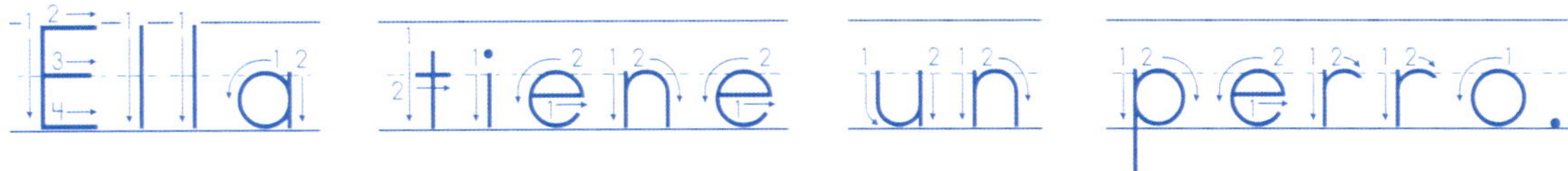

Ella tiene un perro.

Ella tiene un perro.

ser

Ella es guapa.

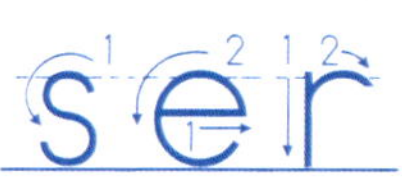 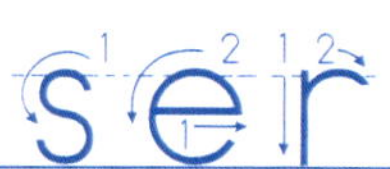 

ser

Ella es guapa.

se

Se lo comió?

se   se   se

se   se   se   se

Se lo comió?

Se lo comió?

idea

No tengo ni idea.

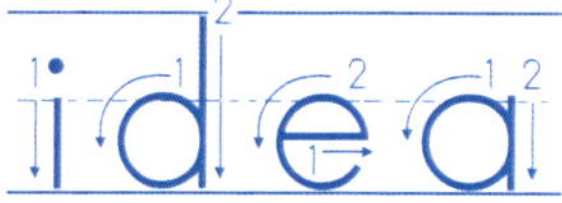
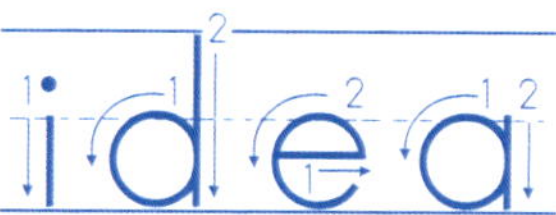

idea idea idea

idea idea idea

Traza la frase:

No tengo ni idea.

No tengo ni idea.

por

Gracias por su ayuda.

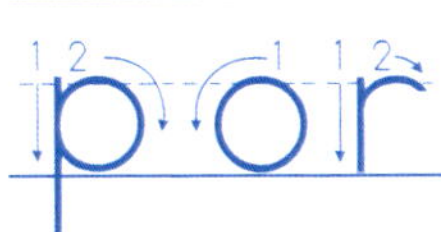
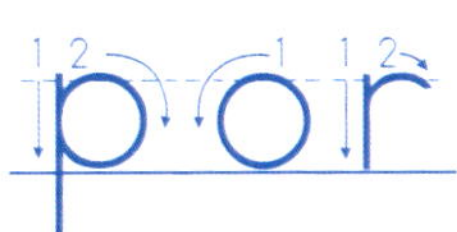

Gracias por su ayuda.

con

Vienen con nosotros.

 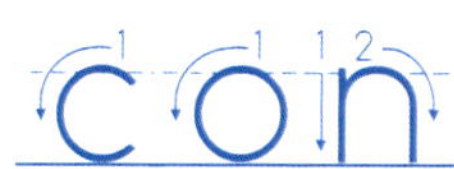 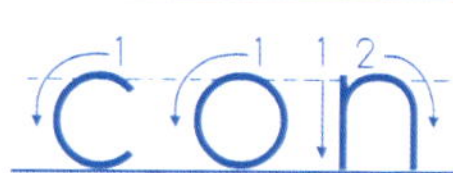

con con con

con con con

 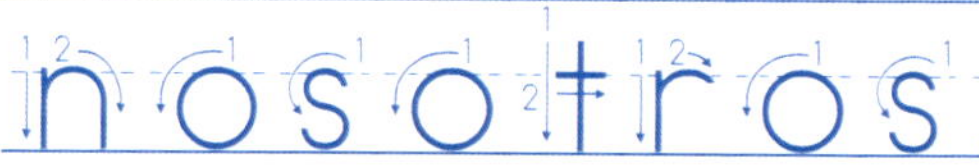

Vienen con nosotros.

Vienen con nosotros.

su

Seguiré su consejo.

Traza la palabra:

su   su   su

su   su   su   su

Traza la frase:

Seguiré su consejo.

Seguiré su consejo.

para

Para el carro.

para   para   para

para   para   para

Para el carro.

Para el carro.

como

Yo no como pepinos.

Traza la palabra:

como como como

como como como

Traza la frase:

Yo no como pepinos.

Yo no como pepinos.

lo

No lo quiero.

Traza la palabra:

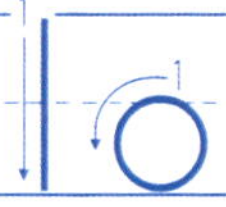 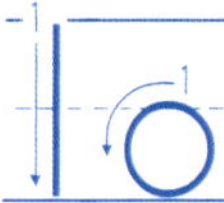 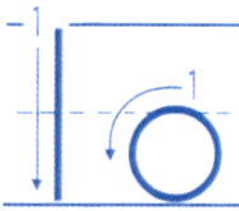 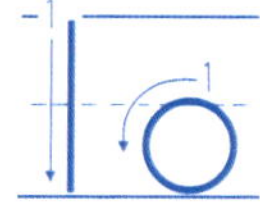

lo　　lo　　lo　　lo

Traza la frase:

No lo quiero.

No lo quiero.

todo

Todo bien.

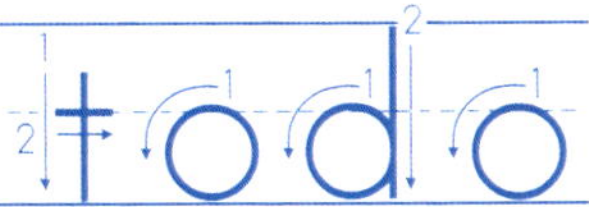 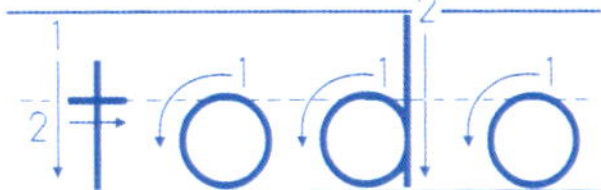 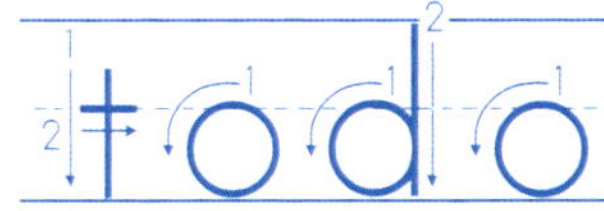

todo   todo   todo

Todo bien.

Todo bien.

pero

Sí, pero muy fría.

Sí, pero muy fría.

Traza la palabra:

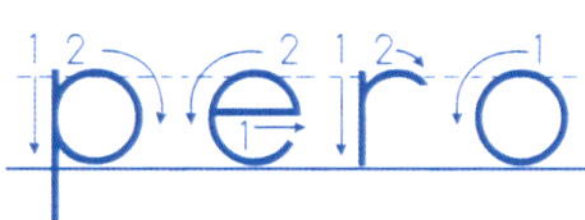 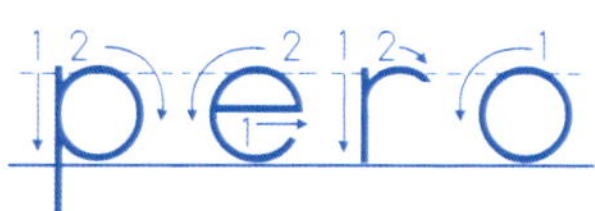 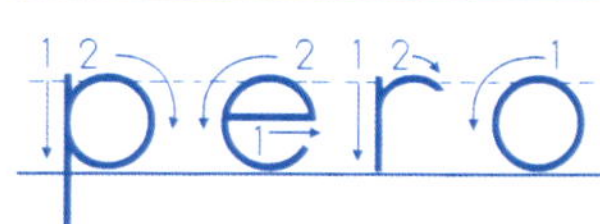

pero   pero   pero

pero   pero   pero

Traza la frase:

Sí, pero muy fría.

Sí, pero muy fría.

más

El tren más rápido.

Traza la frase:

El tren más rápido.

El tren más rápido.

hacer

Hice mi tarea.

hacer   hacer   hacer

hacer   hacer   hacer

Hice mi tarea.

Hice mi tarea.

Traza la palabra:

O O O O

Traza la frase:

Casado o soltero.

poder

Puedo ayudarle?

poder poder poder

poder poder poder

Puedo ayudarle?

Puedo ayudarle?

este

Este es mi novio.

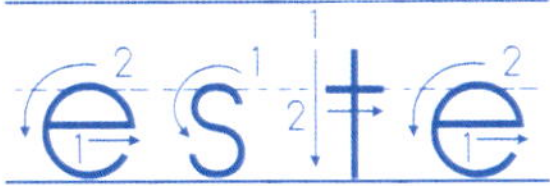

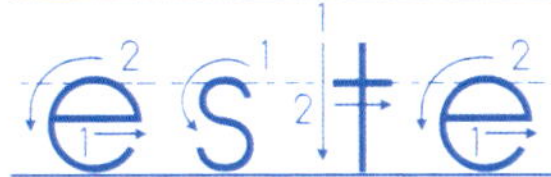

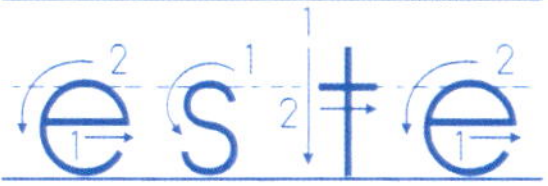

este es mi novio.

otro

No hay otro modo.

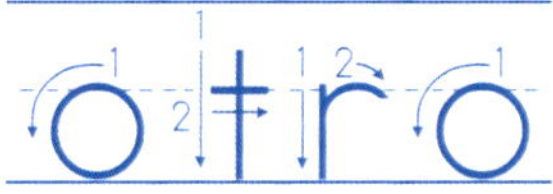 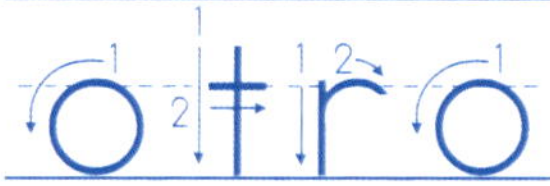 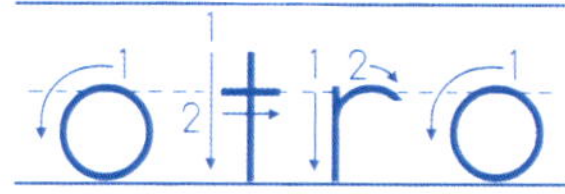

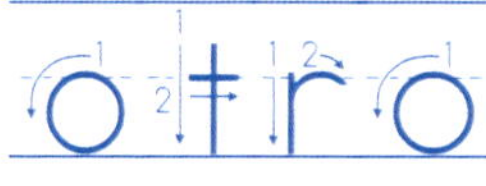 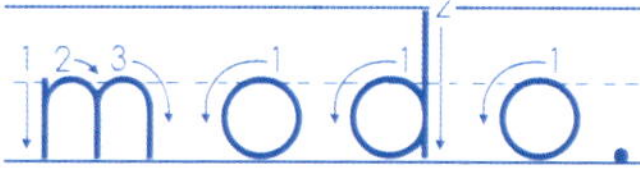

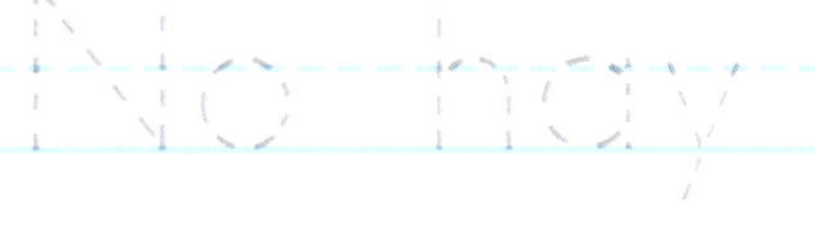 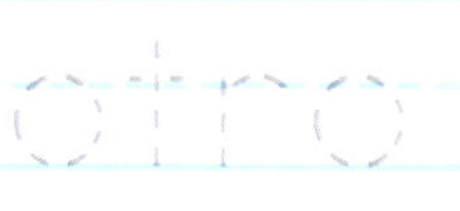 

ese

Quién es ese?

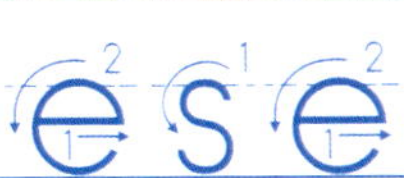
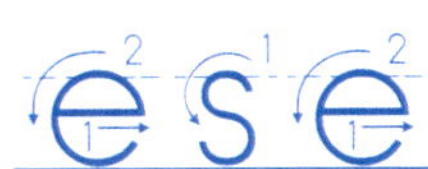
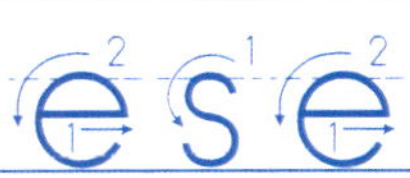

la

Limpie la herida.

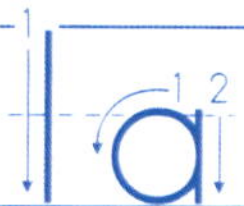 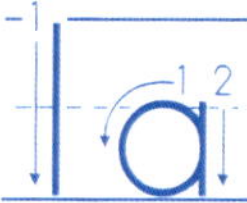 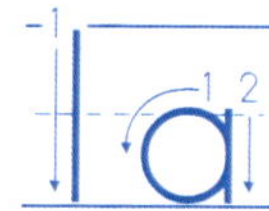 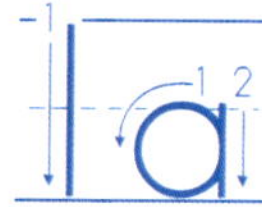

la   la   la   la

Traza la frase:

Limpie la herida.

Limpie la herida.

si

Y si fuerais al cine?

Traza la palabra:

si   si   si   si

si   si   si   si

Traza la frase:

Y si fuerais al cine?

Y si fuerais al cine?

alto

Ud. es alto.

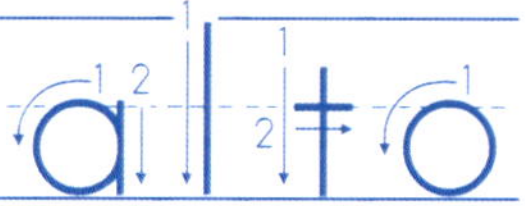 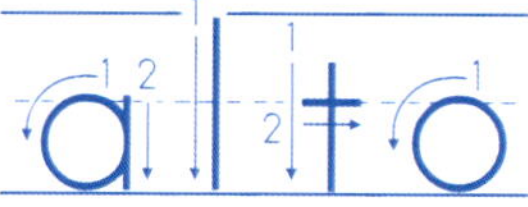 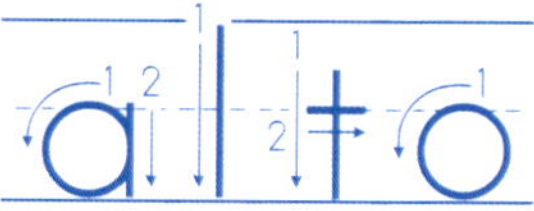

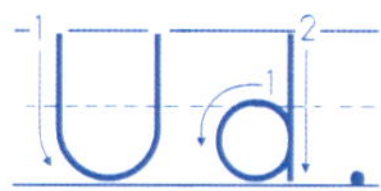  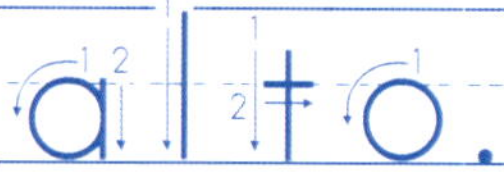

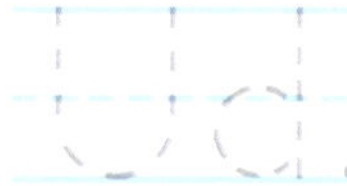  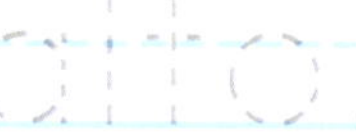

ya

Ya lavaste este plato?

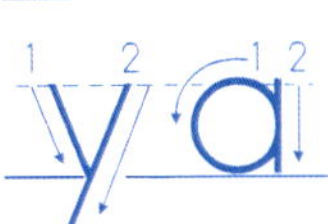
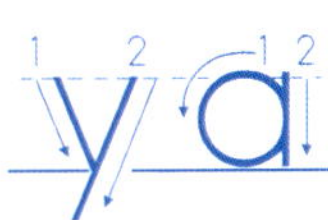
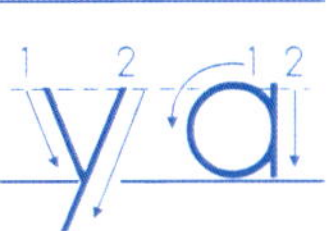

ya   ya   ya

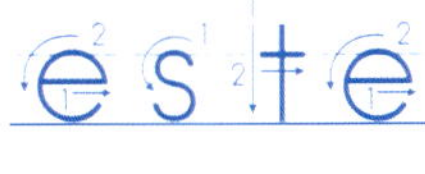
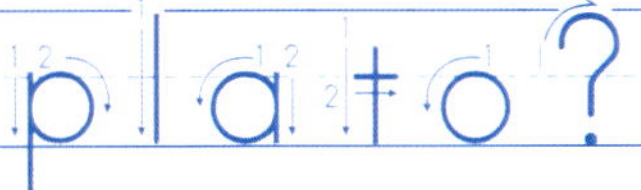

Ya lavaste este plato?

Ya lavaste este plato?

ver

Yo veo al perro.

Traza la palabra:

 ver 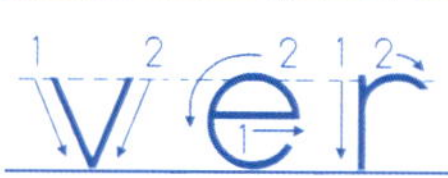 ver 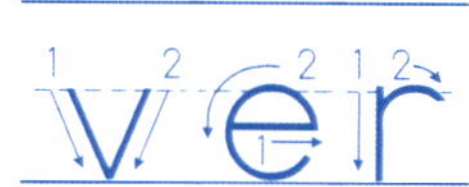 ver

ver   ver   ver

Traza la frase:

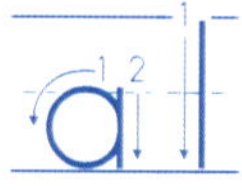 Yo veo al perro.

Yo veo al perro.

porque

porque compré un helado.

porque   porque

porque   porque

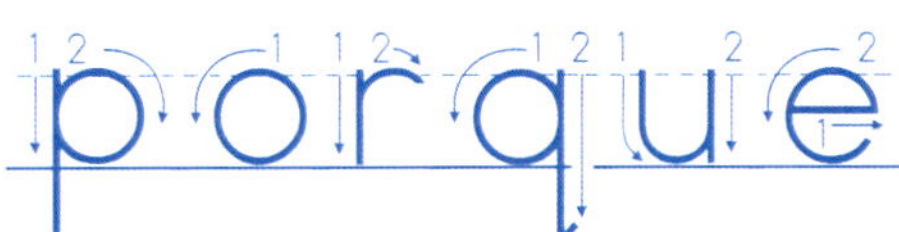

porque compré un helado.

porque compré un helado.

dar

Ella da flores.

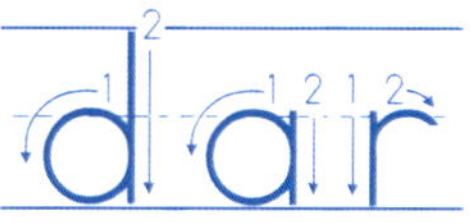
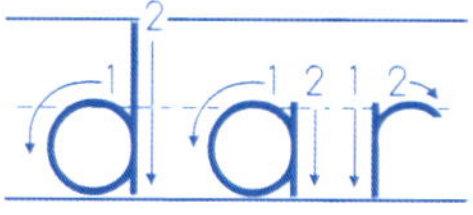
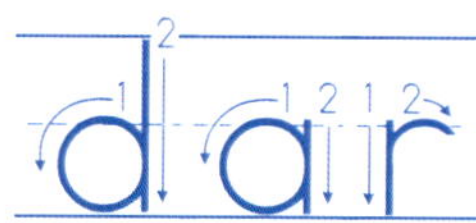

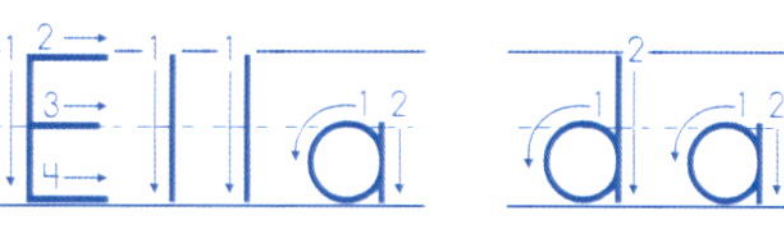

cuando

Cuando era niña.

cuando   cuando

cuando   cuando

Cuando era niña.

Cuando era niña.

muy

El buque es muy grande.

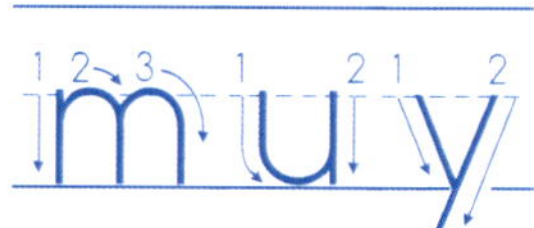

muy　　　muy　　　muy

El buque es muy grande.

El buque es muy grande.

sin

Yo río sin parar.

sin   sin   sin

sin   sin   sin

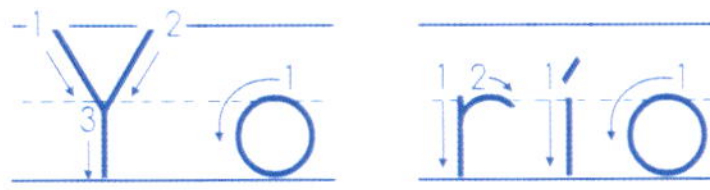 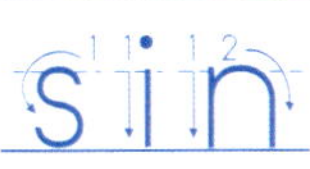 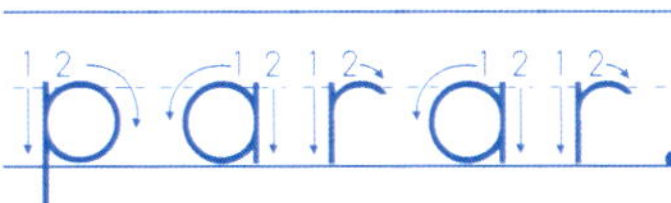

Yo río sin parar.

Yo río sin parar.

vez

Cada vez es más difícil.

Traza la palabra:

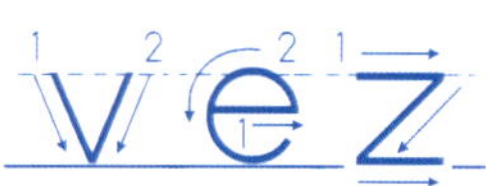 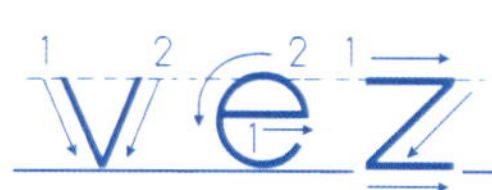 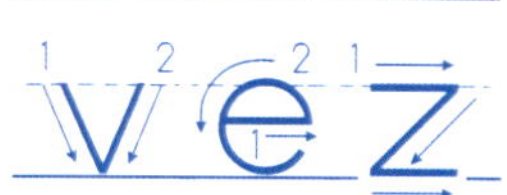

vez   vez   vez

Traza la frase:

Cada vez es más difícil.

Cada vez es más difícil.

mucho

Mucho gusto.

Traza la palabra:

mucho   mucho

mucho   mucho

Traza la frase:

Mucho gusto.

Mucho gusto.

saber

Mi papá sabe pintar.

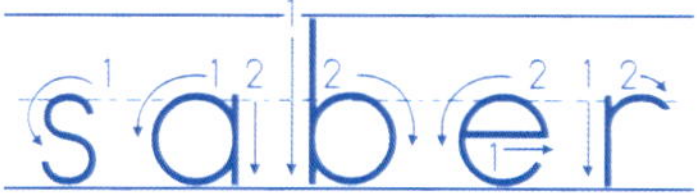
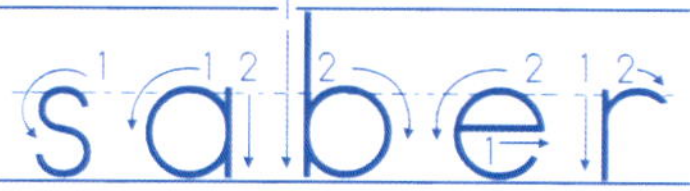
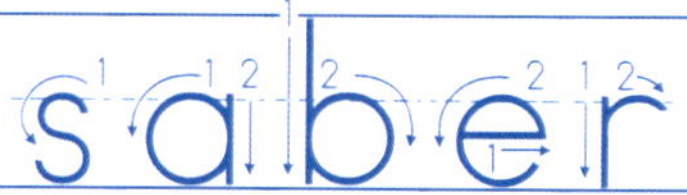

saber   saber   saber

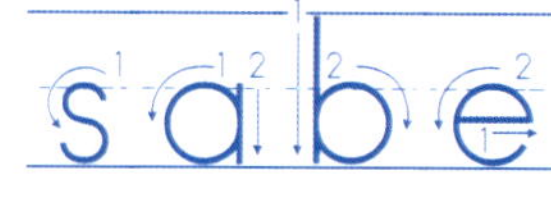

Mi papá sabe pintar.

qué

Qué le debo?

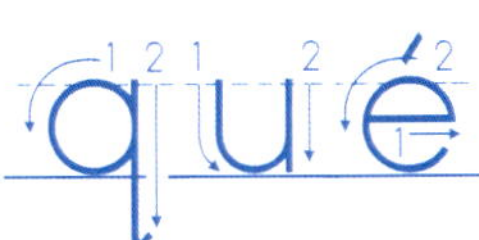 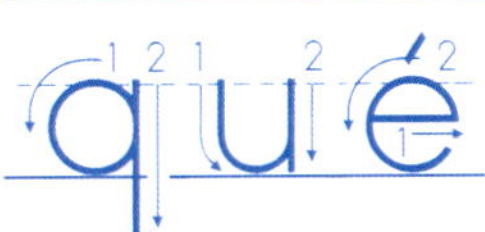 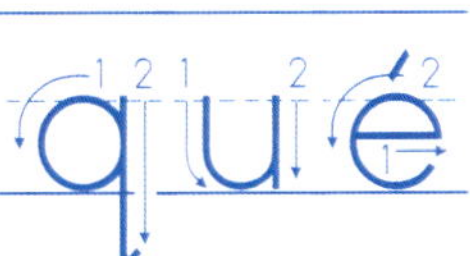

sobre

Volveré sobre ello.

sobre   sobre   sobre

sobre   sobre   sobre

Volveré sobre ello.

Volveré sobre ello.

mi

Mi casita.

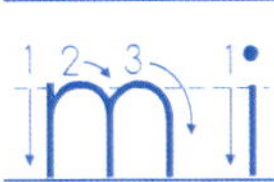 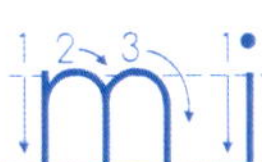 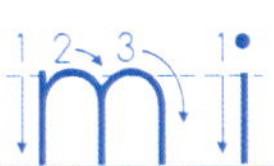 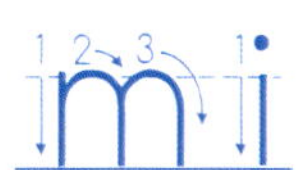

mi   mi   mi   mi

Traza la frase:

Mi casita.

Mi casita.

alguno

Alguno habla español aquí?

alguno   alguno

Traza la frase:

Alguno habla español aquí?

Alguno habla español aquí?

mismo

Sí, aquí mismo.

Traza la palabra:

mismo   mismo   mismo

mismo   mismo   mismo

Traza la frase:

Sí, aquí mismo.

Sí, aquí mismo.

yo

Yo toco violín.

Traza la palabra:

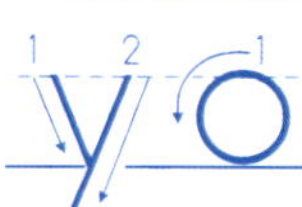

yo   yo   yo   yo

Traza la frase:

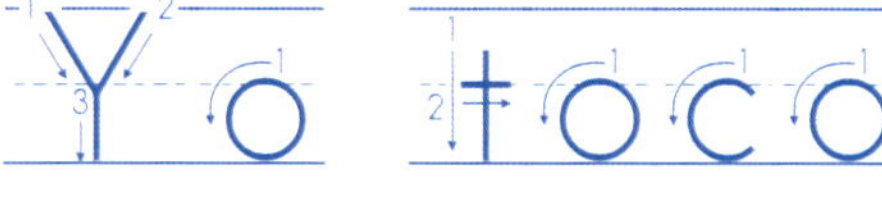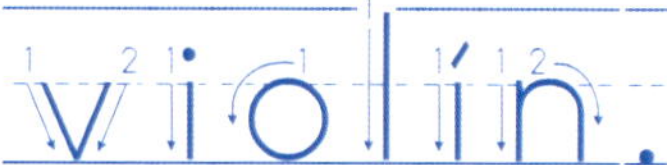

Yo toco violín.

hasta

¡Hasta pronto!

hasta   hasta   hasta

hasta   hasta   hasta

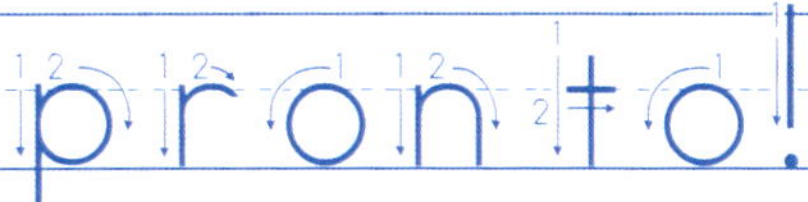

¡Hasta pronto!

¡Hasta pronto!

año

¡Feliz Año Nuevo!

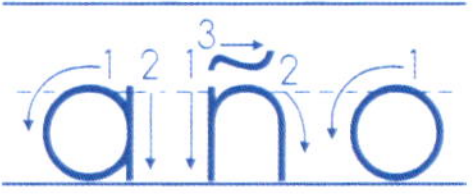

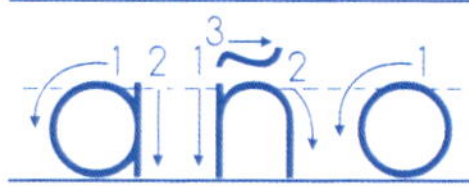

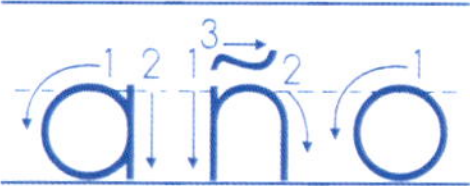

año año año

¡Feliz Año Nuevo!

¡Feliz Año Nuevo!

dos

Somos dos.

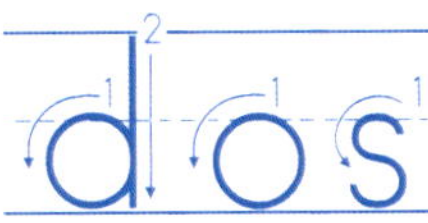

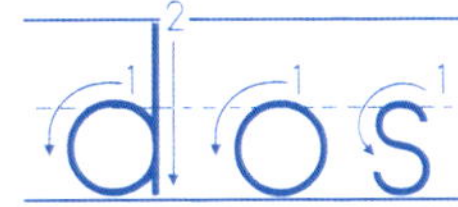

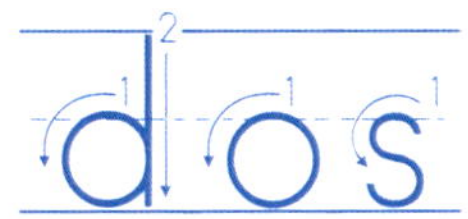

dos   dos   dos

Traza la frase:

Somos dos.

Somos dos.

querer

Quiere pescado?

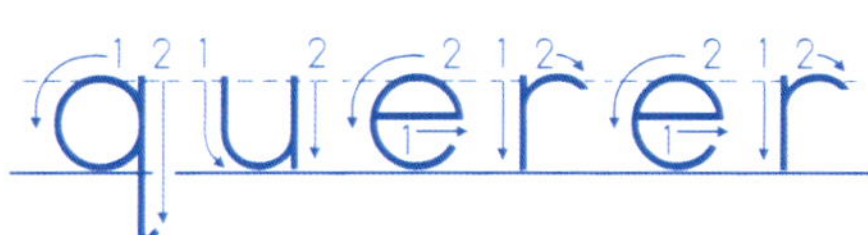

querer

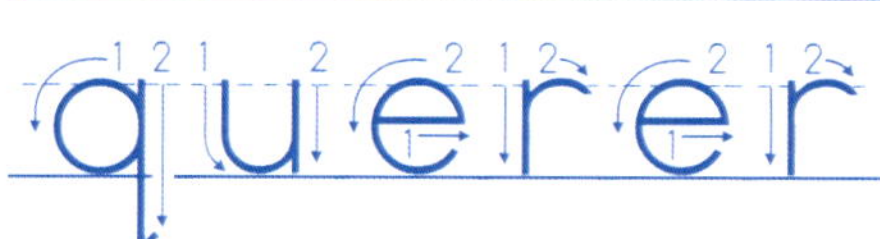

querer

querer

querer

Traza la frase:

Quiere pescado?

Quiere pescado?

entre

No entre.

Traza la palabra:

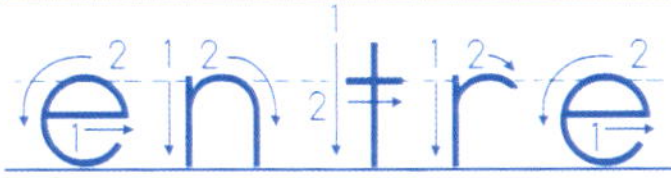 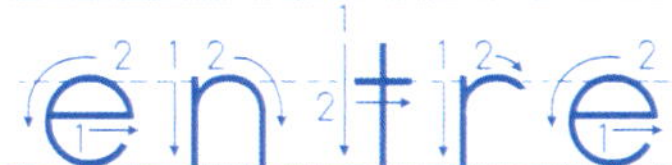 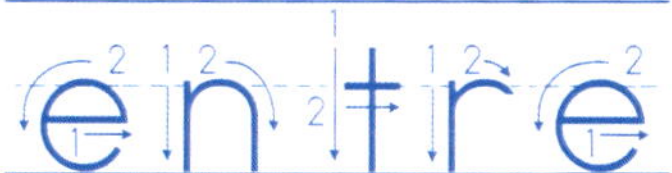

Traza la frase:

No entre.

así

¡Así es la vida!

así   así   así   así

¡Así es la vida!

¡Así es la vida

primero

Esto es lo primero.

Traza la palabra:

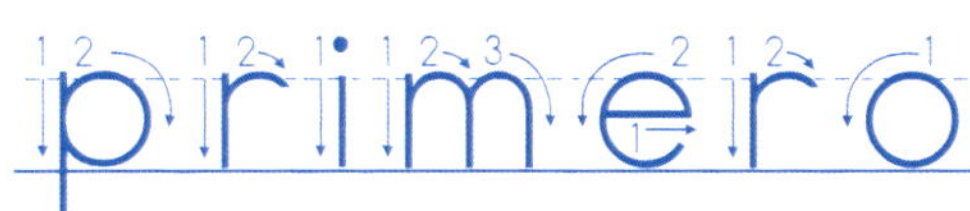

primero   primero

primero   primero

Traza la frase:

Esto es lo primero.

Esto es lo primero.

desde

Yo, desde luego, no

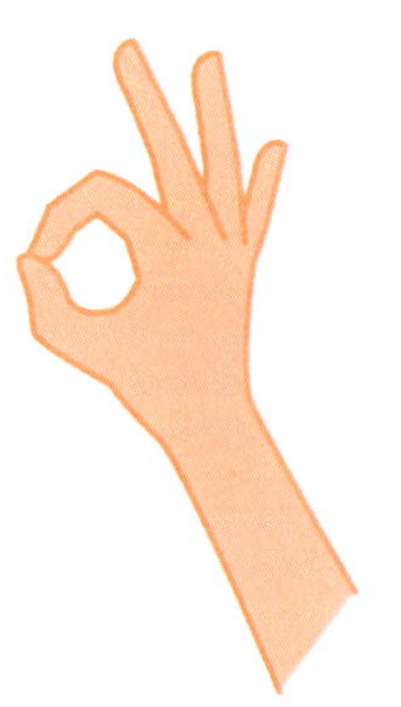

desde   desde   desde

desde   desde   desde

Yo, desde luego, no

Yo, desde luego, no

grande

El camión es grande.

grande   grande

grande   grande

El camión es grande.

El camión es grande.

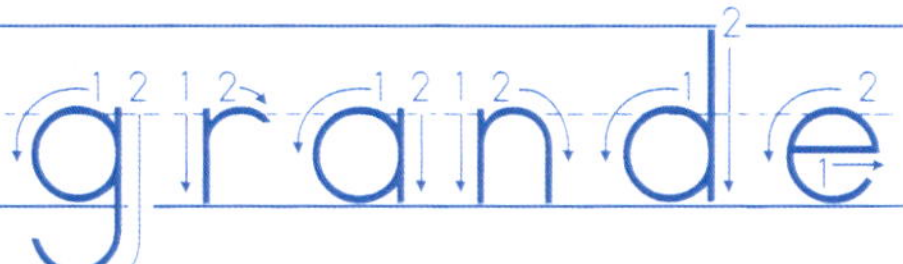

eso

Eso no lo sé.

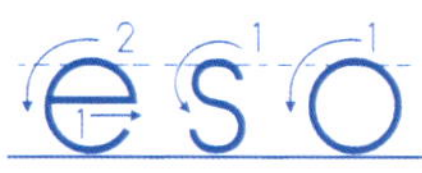 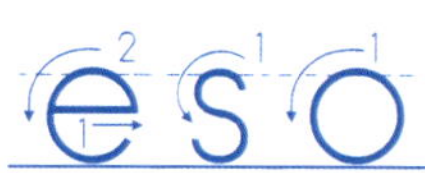 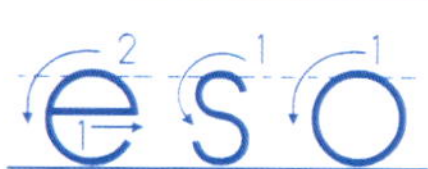

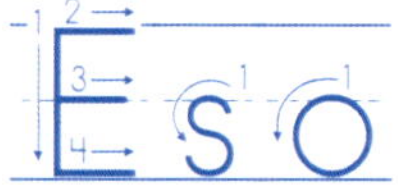 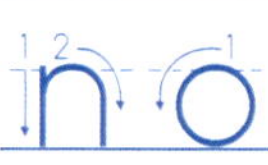 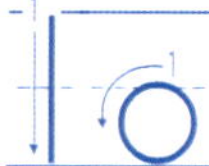 

ni

No tengo ni idea.

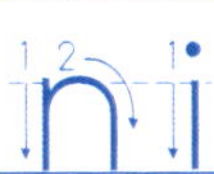 ni

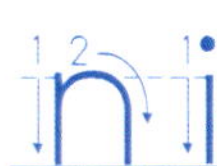 ni

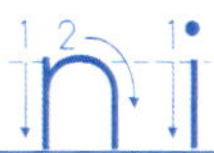 ni

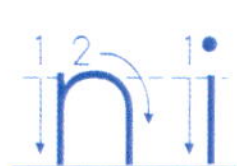 ni

ni ni ni ni

Traza la frase:

No tengo ni idea.

No tengo ni idea.

nos

Nos vemos después.

Traza la palabra:

nos   nos   nos

nos   nos   nos

Traza la frase:

Nos vemos después.

Nos vemos después.

llegar

Yo llego en marzo.

Traza la palabra:

llegar llegar llegar

llegar llegar llegar

Traza la frase:

Yo llego en marzo.

Yo llego en marzo.

pasar

Qué pasa?

pasar pasar pasar

pasar   pasar   pasar

Qué pasa?

Qué pasa?

tiempo

Cuánto tiempo?

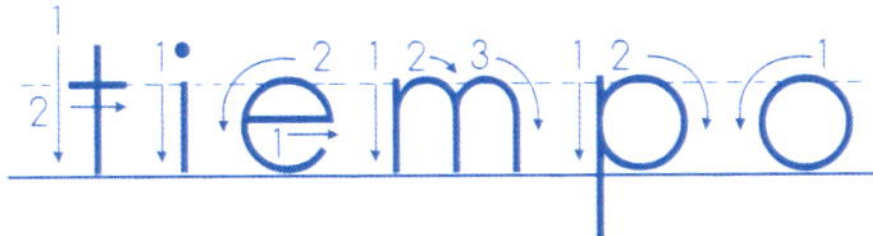

tiempo

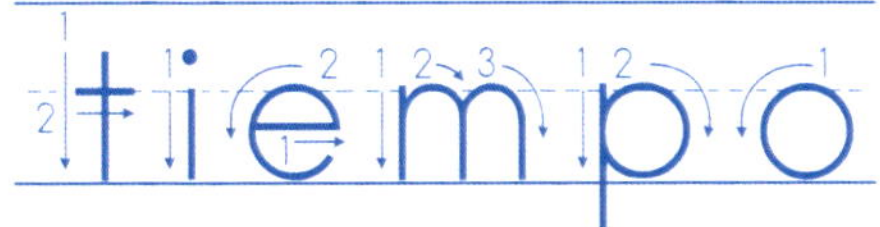

tiempo

Traza la frase:

Cuánto tiempo?

Cuánto tiempo?

ella

Ella trae vasos.

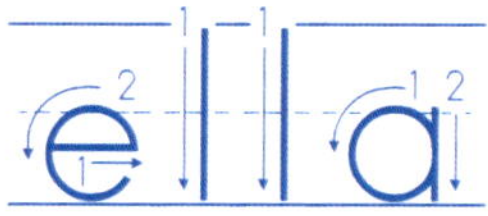 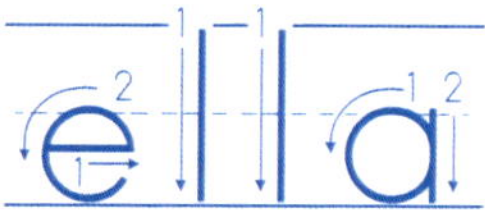 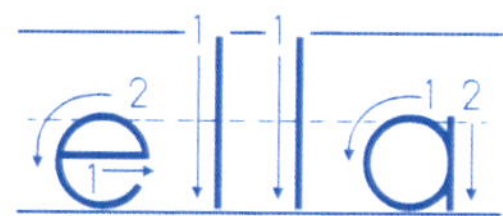

ella   ella   ella

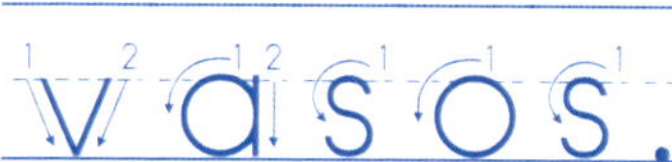

Ella trae vasos.

Ella trae vasos.

SÍ

Sí, es mía.

sí   sí   sí   sí

sí   sí   sí   sí

Sí, es mía.

Sí, es mía.

día

Duerme todo el día.

Traza la palabra:

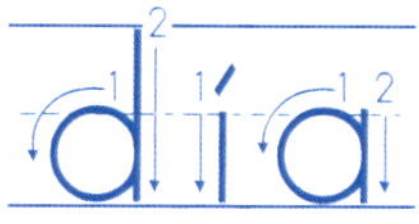 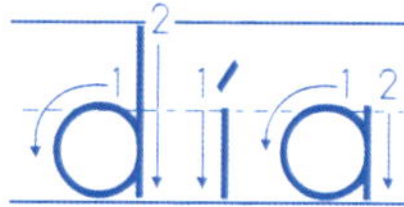 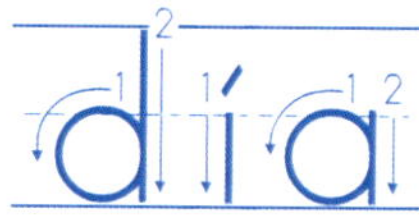

Traza la frase:

  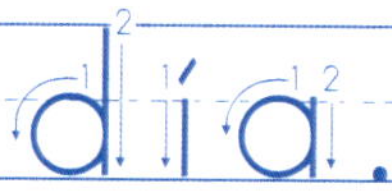

uno

Tiene treinta y un años.

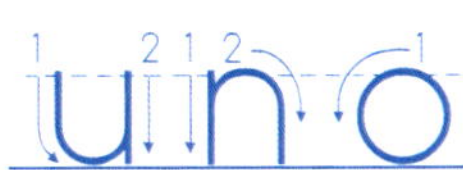
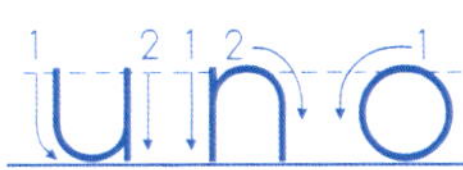
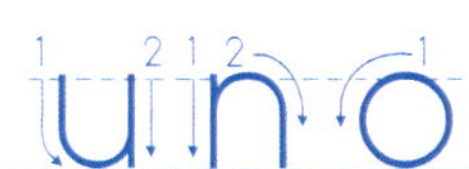

uno   uno   uno

Tiene treinta y un años.

Tiene treinta y un años.

bien

Oye usted bien?

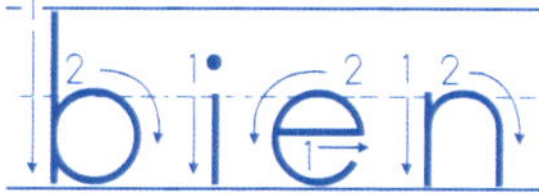

bien   bien   bien

Oye usted bien?

Oye usted bien?

poco

Está un poco lejos.

Traza la palabra:

poco   poco   poco

poco   poco   poco

Traza la frase:

 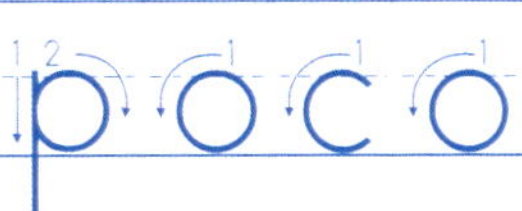 

Está un poco lejos.

Está un poco lejos.

deber

Lo deberías imprimir.

deber deber deber

deber deber deber

Lo deberías imprimir.

Lo deberías imprimir.

poner

Yo pongo las reglas.

poner poner poner

poner poner poner

Yo pongo las reglas.

Yo pongo las reglas.

cosa

Otra cosa.

cosa   cosa   cosa

cosa   cosa   cosa

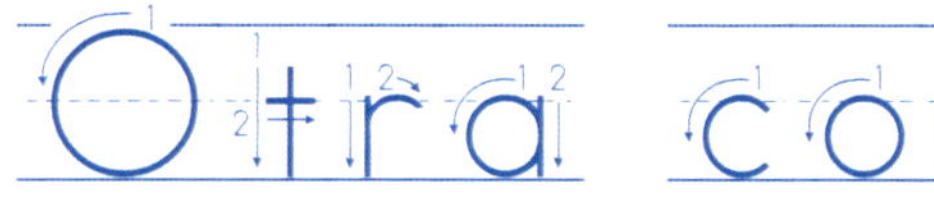

Otra cosa.

Otra cosa.

tanto

No tenemos tanto tiempo.

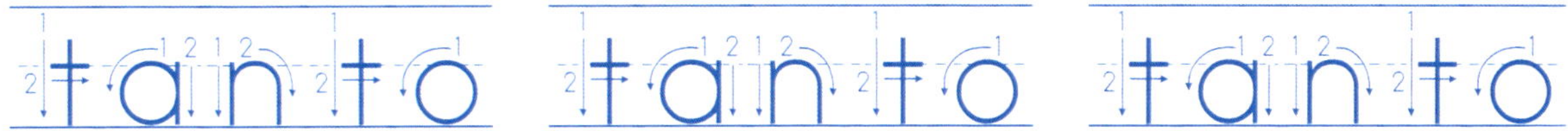

tanto tanto tanto

tanto tanto tanto

Traza la frase:

No tenemos tanto tiempo.

No tenemos tanto tiempo.

hombre

El hombre es fuerte.

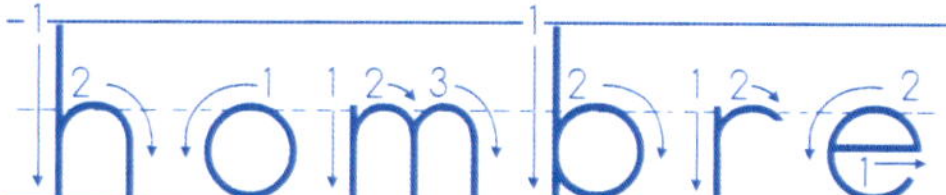

hombre   hombre

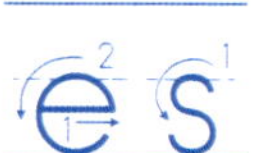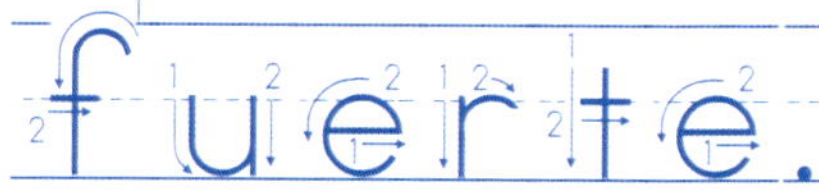

El hombre es fuerte.

El hombre es fuerte.

parecer

Parecen tres viejos.

Traza la palabra:

parecer   parecer

parecer   parecer

Traza la frase:

Parecen tres viejos.

Parecen tres viejos.

nuestro

nuestro carro.

nuestro   nuestro

nuestro   nuestro

nuestro carro.

nuestro carro.

tan

¡Es tan bueno!

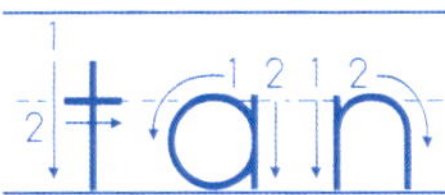 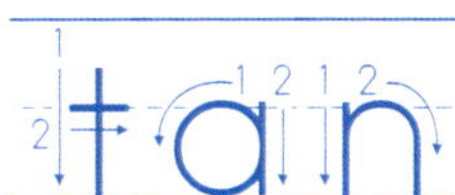 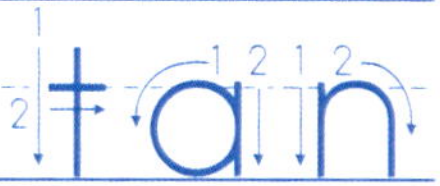

tan   tan   tan

Traza la frase:

¡Es tan bueno!

¡Es tan bueno!

donde

Donde le duele?

donde donde donde

donde donde donde

Donde le duele?

Donde le duele?

ahora

Ahora está feliz.

Traza la palabra:

ahora ahora ahora

ahora ahora ahora

Traza la frase:

Ahora está feliz.

Ahora está feliz.

parte

Mi hija parte el miércoles.

parte parte parte

parte parte parte

Mi hija parte el miércoles.

Mi hija parte el miércoles.

después

Nos vemos después.

después después

después después

Nos vemos después.

Nos vemos después.

vida

Hay que gozar la vida.

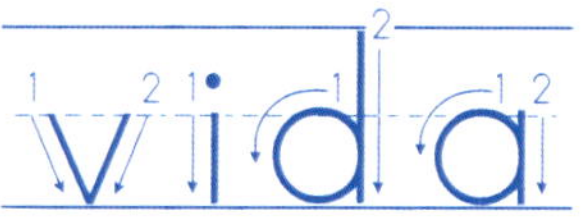 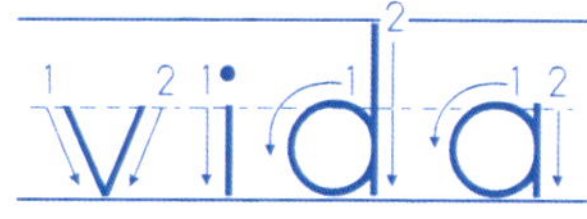 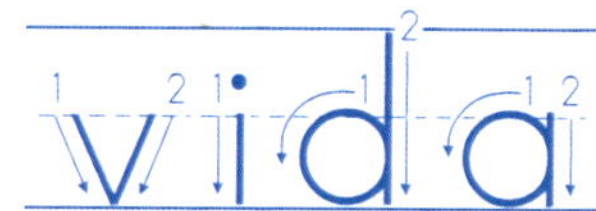

vida   vida   vida

Hay que gozar la vida.

Hay que gozar la vida.

quedar

No le quedará dinero.

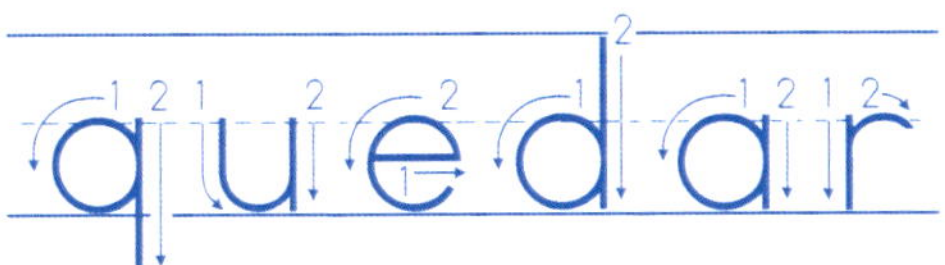

quedar   quedar

quedar   quedar   quedar

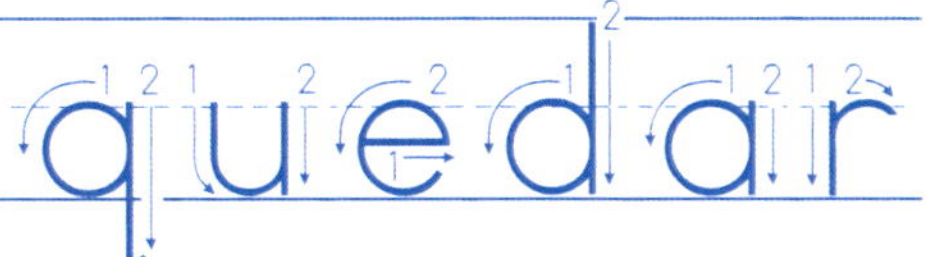

No le quedará dinero.

No le quedará dinero.

siempre

Siempre use guantes.

Traza la palabra:

siempre   siempre

siempre   siempre

Traza la frase:

Siempre use guantes.

Siempre use guantes.

creer

Ver es creer.

creer   creer   creer

creer   creer   creer

Ver es creer.

Ver es creer.

hablar

Habla inglés?

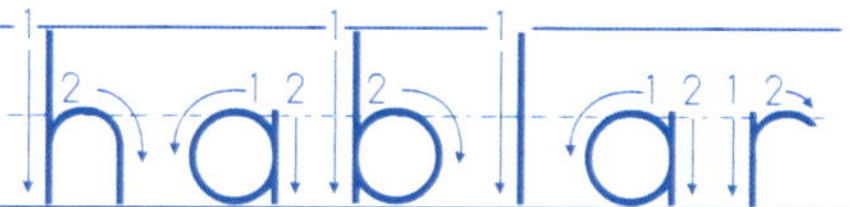 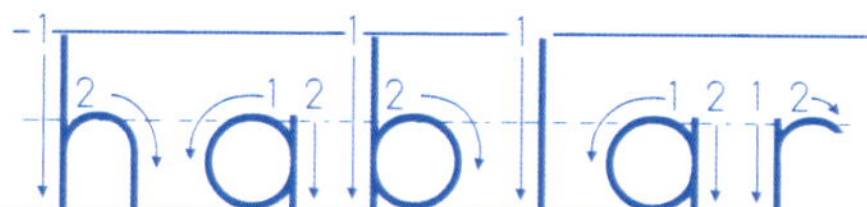

hablar   hablar   hablar

Habla inglés?

Habla inglés?

llevar

Llévelo al hospital.

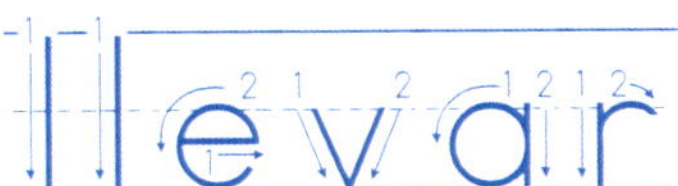 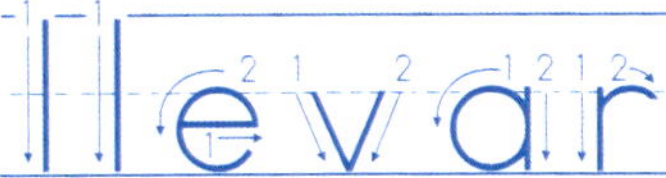 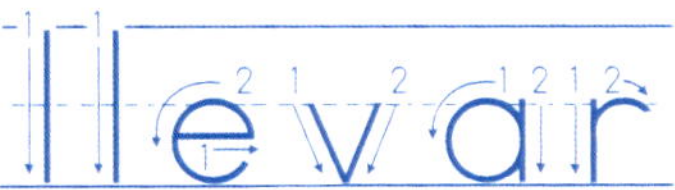

llevar   llevar   llevar

llevar   llevar   llevar

Llévelo al hospital.

Llévelo al hospital.

dejar

Déjame la llave.

Traza la palabra:

dejar   dejar   dejar

dejar   dejar   dejar

Traza la frase:

Déjame la llave.

Déjame la llave.

nada

No oigo nada.

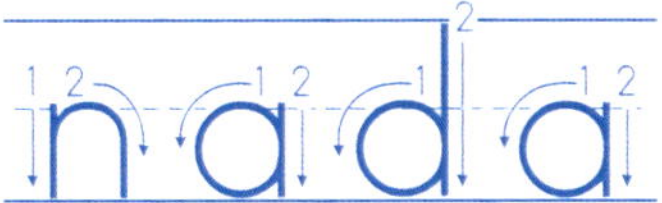 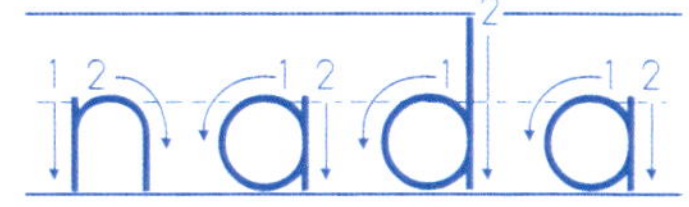 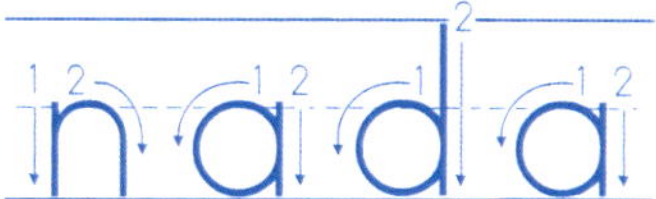

nada   nada   nada

No oigo nada.

nada   nada   nada

No oigo nada.

No oigo nada.

cada

Cada verano.

cada   cada   cada

cada   cada   cada

Cada verano.

Cada verano.

seguir

Seguiré su consejo.

seguir   seguir

seguir   seguir   seguir

Seguiré su consejo.

Seguiré su consejo.

menos

Te echamos de menos.

menos menos menos

menos menos menos

Te echamos de menos.

Te echamos de menos.

nuevo

Nuevo o usado?

Traza la palabra:

nuevo nuevo nuevo

nuevo nuevo nuevo

Traza la frase:

Nuevo o usado?

Nuevo o usado?

encontrar

Encontraste tus llaves?

encontrar   encontrar

encontrar   encontrar

Encontraste tus llaves?

Encontraste tus llaves?

algo

Nos gustaría comer algo.

 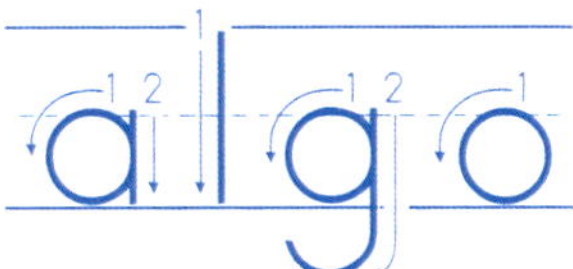 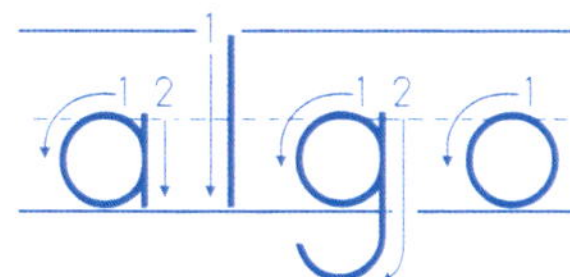

algo   algo   algo

Nos gustaría comer algo.

Nos gustaría comer algo.

sólo

Sólo un amor.

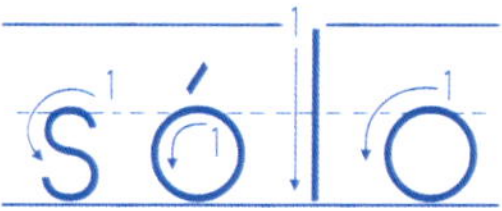
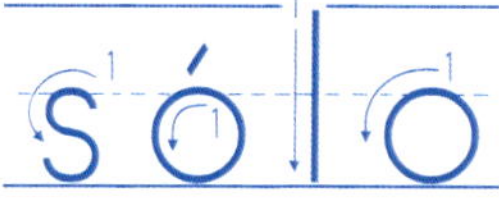
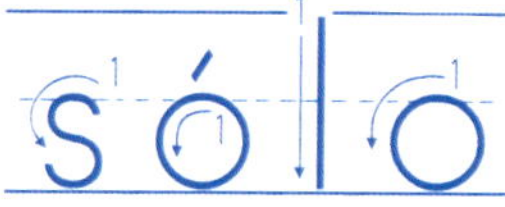

sólo

Sólo un amor.

Sólo un amor.

llamar

Puede llamarlo?

Traza la palabra:

llamar llamar llamar

llamar llamar llamar

Traza la frase:

Puede llamarlo?

Puede llamarlo?

venir

Venid conmigo.

venir venir venir

venir venir venir

Venid conmigo.

Venid conmigo.

salir

El avión sale a las tres.

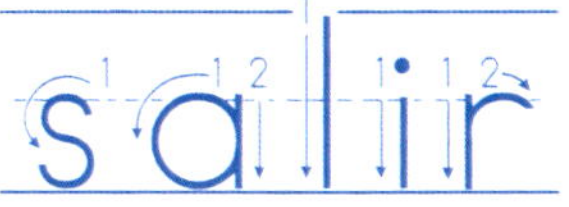 salir 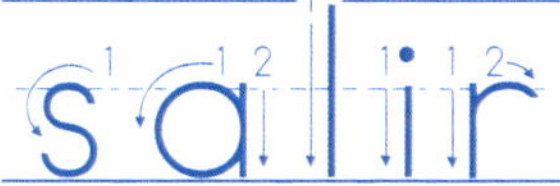 salir 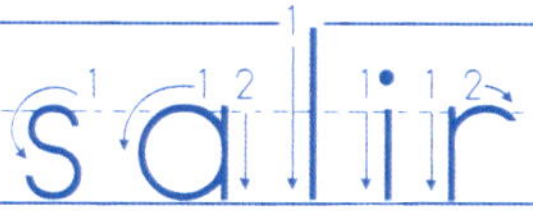 salir

salir   salir   salir

Traza la frase:

El avión sale a las tres.

El avión sale a las tres.

volver

Le decía que volviera.

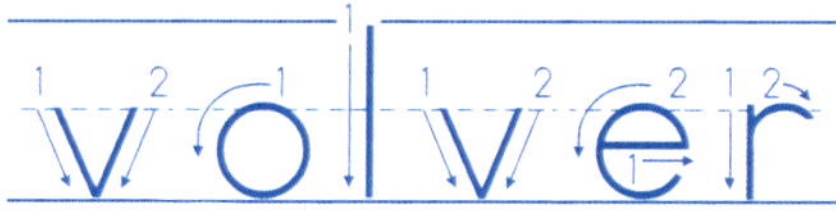
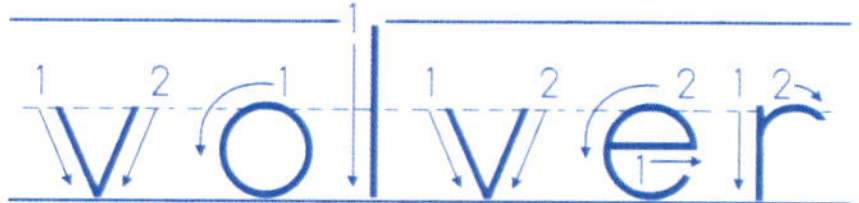

volver   volver

volver   volver

Le decía que volviera.

Le decía que volviera.

antes

Ven cuanto antes.

antes antes antes

antes antes antes

Ven cuanto antes.

Ven cuanto antes.

bueno

¡Es tan bueno!

bueno   bueno

bueno   bueno   bueno

¡Es tan bueno!

¡Es tan bueno!

casa

La casa es nuestra.

casa   casa   casa

casa   casa   casa

La casa es nuestra.

La casa es nuestra.

tres

Hay tres libros en la silla.

Traza la palabra:

  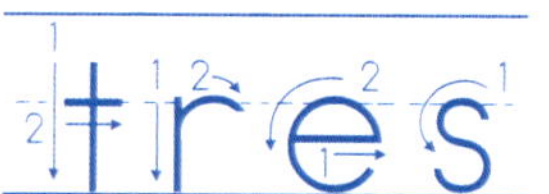

tres   tres   tres

Traza la frase:

Hay tres libros en la silla.

agua

Hay tres libros en la silla.

Traza la palabra:

agua   agua   agua

agua   agua   agua

Traza la frase:

Hay que beber agua.

Hay que beber agua.

El fin

www.ingramcontent.com/pod-product-compliance
Lightning Source LLC
Chambersburg PA
CBRC100838110726
48006CB00010B/1433